LA CIENCIA del ALMA

MARIA ZUNO

ISBN-10:1982053623
ISBN-13:978-1982053628

DEDICADO A:

EL PUBLICO QUE SE DELEITA
EN SABER MAS DEL CONOCIMIENTO
DE SU PROPIA ALMA.

CONTENIDO

LA CIENCIA DEL ALMA

RECONOCIMIENTO

ES PARA MI, RECONOCER QUE DIOS
ES EL DADOR DE VIDA Y QUE EL ES
CREADOR DE TODO LO QUE EXISTE.

MARIA ZUNO

LA CIENCIA DEL ALMA

(YO, EL ALMA)

Poema

Yo el Alma, cuando miro tu figura en el reflejo del espejo, me puedo dar cuenta lo mucho que nos parecemos, pues somos como gemelas, y yo pasaría por solo parecerme a ti, pero en la realidad tu eres la que se parece a mí, tu eres mi figura visual y yo soy tu vela encendida que te da luz cuando tu estas dormida.

Nacimos y crecimos juntas y aprendimos lo mejor, y nos tendremos que separar cuando el fin de la vida nos marque el final.

Antes de seguir adelante con esta presentación quiero decirte que te amo Con todo mi corazón, mi adiós es un hasta luego que llena mi ser de esperanza, y satisfacción.

María Zuno

LA CIENCIA DEL ALMA

Multitud de Libros

Entre todos los libros escritos en la historia de la tierra, en los cuales se diversifican los diferentes temas, algunos son para niños otros son para adultos, también hay para hombres, y para mujeres, también para personas mayores, sin dejar de escribir también para los diferentes géneros, raza o color, creencia religiosa, y costumbres de los diferentes pueblos en la tierra. Y cada uno de esos libros tiene un tema en particular aun cuando son temas literarios, también hay libros de entretenimiento como novelas, libros de estudio (texto), cuentos, libros con mensaje religioso, libros que nos enseñan a construir diferentes cosas sean cosas chicas o grandes, y todos estos libros en algún punto tienen controversia, pues las personas tienen diferentes puntos de vista en todas las cosas.

LA SANTA BIBLIA

Entre todos los libros escritos en la historia de la tierra, esta (La Santa Biblia) y en ella esta toda una recopilación de información religiosa y también por medio de ella nos llega la información de la existencia de DIOS, EL CREADOR DE TODO incluyendo la existencia del ALMA.

También nos da el conocimiento, de como llego el sol que nos alumbra y que flota en el espacio, y que EL MISMO DIOS creo para que nos alumbra de día y nos diera su calor, también la luna de noche que los poetas y los enamorados han tomado de musa para escribir notas hermosas, así también las estrellas para que adornaran la noche, nos da información de la tierra en que vivimos, y como debemos tratarla, para que nos dure más, sin dejar de mencionar la creación del hombre y la mujer, pues fueron su obra maestra de todo lo que EL hizo, esta es la que se parece a EL. DIOS hizo en seis días toda la creación que beneficia al ser humano, y luego se tomó un día de reposo, para luego seguirnos educando como debemos comportarnos.

(La Santa Biblia) es una obra literaria completa y verdadera de la creación, de la existencia de DIOS también nos habla de su hijo JESUS, y de cuál será el fin de todo, de cuanto nos ama, y del cuidado que tiene de nosotros, también nos deja saber cómo llego la vida al ser humano que está compuesta de espíritu, alma y cuerpo.

Si usted tiene dudas de cómo fue hecha la creación, lo único que debe de hacer es leer (La Santa Biblia), también en ella podrá encontrar lo que a DIOS le gusta y le disgusta, sus mandamientos, sus pensamientos, su grandeza, la arquitectura con la que le gusta hacer las cosas, su amor por el ser humano, su ternura con las emociones con las que nos trata, sus pensamientos gigantescos al tamaño de EL y que abarcan todo el infinito.

ELLA nos da información espiritual física y científica, desde el inicio y hasta la reproducción del ser humano que sigue produciendo en todo el mundo a la humanidad.

GENESIS 1: 1 En el principio creo DIOS los cielos y la tierra.

De dónde venimos

Muchas personas se preguntan de donde es que el ser humano apareció en la tierra, y hay diferentes versiones acerca del tema como por ejemplo, unos creen que venimos del mono, otros creen la verdad y es que DIOS nos creó, pero no saben la historia porque la leyeron en (La Biblia)simplemente por que lo escucharon por ahí, pero cuando DIOS creo al hombre, lo hizo del polvo de la tierra pero no había vida en él, y con su plan matemático DIOS hizo la primera parte, y creo una figura parecida a EL, a la que luego le daría vida personalizada e individual.

DIOS es vida, porque EL es eterno y al primer ser humano al cual llamo Adán, DIOS le soplo con su propia boca ALIENTO de VIDA que al entrar en el molde de tierra llamado Adán, se formó otro ser dentro de el al cual llamamos (ALMA) y ese hombre entonces fue un espíritu vivificante (UNA ALMA), o sea un ser con vida que al entrar en el molde tomo forma y al tener vida automáticamente se pudo mover, respirar, comer, pensar, planificar, resolver problemas, amar, entender hasta cierto punto lo que otros le comunican pues este ser tiene la capacidad de resolver por sí mismo todo a su manera de percibir las cosas.

De modo que si no tenemos una alma, definitivamente no tenemos vida y solo nos queda hacernos polvo y desvanecernos como la tierra de la cual fuimos tomados.

También hay personas que no saben a dónde irán al final de sus vidas, y eso lo estaremos viendo en unas páginas más adelante en este libro.

Cuando Adán en su forma inerte recibió la vida que DIOS le dio, eso fue como ponerte un guante en la mano el guante representa el cuerpo humano inerte, y la mano representa el alma, y si la mano se mueve, el guante también se mueve, pero el guante sin la mano no puede moverse solo, pues no tiene vida por sí mismo y es solo con el alma que nuestro cuerpo puede vivir y moverse, pensar y todo lo demás le será fácil de hacer.

    GENESIS 2: 7 Entonces JEHOVA DIOS formo al hombre del polvo de la tierra, y soplo en su nariz aliento de vida, y fue el hombre un ser viviente.

DOS CEREBROS
El físico y el Espiritual

Los seres humanos nacemos con dos cerebros en funcionamiento, EL FISICO, Y EL ESPIRITUAL, los cuales son compañeros desde antes de nacer, y ellos dos se comunican de diferentes maneras, EL FISICO con la ayuda del cerebro espiritual se mueve, y hace todo lo que tenga que ver con movimientos, como ver, oír, hablar, gustar, tocar, y sentir las sensaciones que tiene en su piel, también el dolor de sentir algo fuerte que le daña la piel, o algún órgano de su cuerpo físico, y también las sensaciones de gusto y placer.

EL CEREBRO ESPIRITUAL, al mismo tiempo que el cerebro físico, necesita ser educado para que su desarrollo sea parejo con el cerebro físico pues aunque los dos tienen sus diferentes necesidades los dos son compatibles en sus necesidades día a día, y en su trabajo comunitario, los dos tienen los mismos sentidos, incluyendo el sentido común que es combinado por ambos cerebros y que pocas personas lo utilizan.

DIOS hizo estos dos cerebros con enchufes especiales para embonar y así poder trabajar los dos juntos y de una manera unísona.

Estos dos cerebros tienen que estar siempre juntos, pues una separación seria mortal.

El cerebro físico desde que se empieza a formar tiene las cavidades que se necesitan para conectarse con el cerebro espiritual y de esa manera ellos pueden funcionar de una manera NORMAL y es así que estos dos cerebros tienen trabajo que hacer juntos en combinación armoniosa, y ellos dos aunque nacen juntos y se desarrollan juntos, ellos tienen diferente circulo de vida, y son totalmente diferentes, uno es terrenal y el espiritual pertenece al mundo de las cosas eternas, como el cielo y el infinito, y tiene UN CUERPO, que se llama (ALMA), y su vestidura es de color transparente, pero eso no quiere decir que no tiene color, pues si lo tiene también tiene color en su piel.

El cerebro espiritual le manda al cerebro físico las señales, y juntos tienen el sentido de orientación para ser activados y trabajar juntos en los proyectos del día a día, y momento a momento.

Nuestros cuerpos funcionan perfectamente si los dos cerebros están bien conectados, pero si alguno de los enchufes no está en su lugar embonando en su cavidad, entonces habrá alguna falla en el sistema del cuerpo humano, que lo pudiera llevara a desarrollar alguna enfermedad, causado por las desconexiones o por la mala conexión del uno con el otro

Como nace la primer alma

Después de que DIOS creo los cielos y la tierra y todo lo que hay en ellos incluyendo al ser humano, y darles la tarea de multiplicarse, fue después de comer del fruto del árbol de la ciencia del bien y del mal que ellos empezaron la gran tarea de la multiplicación humana, sin calcular el desarrollo del mal que vendría a desbaratar los planes de DIOS para el hombre, los cuales eran diferentes pues DIOS mismo había creado todo lo mejor para que el hombre viviera sin que le faltara nada ni a los futuros humanos que nacerían.

Y fue entonces que Adán y Eva siguieron las acciones del empiezo de la multiplicación del ser humano aquí en (LA BODEGA DE CUERPOS Y ALMAS, EL PLANETA TIERRA), y NACIO el primer ser humano de toda la humanidad, y fue el primer hijo de Adán y Eva, su nombre fue Caín, y fue hecho por la acción sexual de Adán y Eva, la cual DIOS mismo les ordeno actuar.

Y fue así que la humanidad empieza su desarrollo como ser humano llevando consigo un cuerpo físico y uno espiritual y ambos combinando sus acciones para sostener una vida que con el cuerpo físico podemos ver y palpar, y la otra que es la más importante pues le da los movimientos a este, y depende de sus buenas conexiones para un buen desarrollo físico y mental, y sin esta el cuerpo físico no puede sobrevivir, pues esta que es la que no podemos mirar es la que tiene la vida.

EL CUERPO FISICO es la cobertura del alma, y al mismo tiempo es su transporte, y también es el peso que la detiene para sostenerse en un lugar definido en la gravedad, pues si no fuera así, ella estaría flotando siempre pues ella no tiene peso, pero su cuerpo físico le es suficiente para esa acción.

EL ALMA (CEREBRO ESPIRITUAL), es la que le da vida y movimiento al cuerpo físico, vida y en combinación ellas dos tienen sentimientos de diferentes tamaños y de diferentes tonos, también se hacen compañía la una con la otra, el cuerpo físico puede comunicarse hablando, el espiritual tiene la peculiaridad de ser muy atenta y su virtud es escuchar, pero las dos pueden ver, escuchar, y pensar, entre otras cosas.

El resultado del primer nacimiento aquí en la tierra fue negativo, pues el primer hombre nacido en ella, mato a su hermano Abel, como resultado del mal comportamiento de sus padres Adán y Eva hacia DIOS, y ese mal comportamiento alcanza hasta nuestros días.

En el desarrollo del ser humano, y la historia del mundo podemos observar el mal del odio entre los seres humanos, queriendo destruirse entre ellos sin mirar si son niños, jóvenes adultos o ancianos, lo único que se promueve es el odio y la destrucción para el ser humano, principalmente por territorios o religiones, también por el poder y las riquezas.

El desarrollo del Alma

El alma y el cuerpo físico se desarrollan juntos, y empieza con la vida del espermatozoide solitario que al salir impulsado por su creador, el hombre y expuesto a competir con otros cuantos miles de espermatozoides, para llegar a la meta con el triunfo de obtener la medalla más importante del ser humano, que se llama (VIDA), y solo uno de ellos podrá entrar a lo que será su primer cuna, EL OVULO DE LA MUJER, esto es a modo natural. En los tiempos modernos el espermatozoide es manipulado por la ciencia, y en muchos de los casos el espermatozoide ya no tiene la oportunidad y el derecho de competir por su propia vida, pero son las manos y el cerebro de los científicos que deciden por ellos la vida que tal vez le hubiera dado la oportunidad de competir por ganar la carrera sin sufrir el arrebato de otros seres humanos, decidiendo el destino de lo que podría ser un humano natural cambiado por un humano sin historia natural, probablemente en este tiempo en que los seres humanos se pueden crear de una manera no natural, salgan seres humanos orgullosos de que los hallan hecho de tal o cual tamaño, o de un color de ojos que sea popular, también de tal o cual color su piel, pero también habrá seres humanos que no estén de acuerdo como los formaron pues cuando se miren en el espejo tal vez se sentirán como muñecos que no tienen identidad propia y entonces buscaran el parecerse a alguien de su familia e investigaran su genealogía sin encontrarla completa del todo.

El alma tiene sentimientos que se van desarrollando a medida que el cuerpo físico también lo hace, recordemos que ellos dos desde que se juntan y eso es desde que el espermatozoide y el ovulo se juntan, allí es en donde la vida del ser humano comienza su desarrollo, hasta llegar a ser un ser movible por su propia voluntad más se desarrolla en proyectos momentáneos y a futuro como un gran arquitecto de su propia vida, pues desde que gano la carrera que lo llevo a la medalla del triunfo llamada (vida) todo lo demás fue ganancia.

En los sentimientos en desarrollo del alma y del cuerpo físico están la necesidad de tener cerca a los padres desde que la criatura nace, también empiezan a desarrollar la dependencia, el amor el conocimiento familiar y del entorno, como sonidos, colores, figuras, más lo extraño para ellos pues hay cosas que no reconocen como personas y objetos, sonidos que evitara tenerlos cerca.

El alma tiene de sus propios genes familiares cosas marcadas positivas y negativas, que serán como señal de pertenecer a sus ancestros y que en estos tiempos también sirven para ciertas identificaciones científicas y enfermedades con potenciales para identificarlas y también como respuestas a la ciencia de nuevos estudios que servirán al ser humano físico y psicológico, para entender más la ciencia espiritual.

(LA CIENCIA DEL ALMA)
SAN LUCAS # 1: 44 La criatura salto de alegría en mi vientre, (RVR1960).

La Producción de Cuerpos y Almas

En la tierra a la que yo llamo (la bodega de cuerpos y almas, el planeta tierra), es el lugar en el universo en donde se fabrican los seres humanos terrestres, pero también se desarrollan, se guardan, se distribuyen y se envían a su lugar de estancia perteneciente a cada entidad, sea con vida o muerte.

También es este el lugar en donde los seres humanos son fabricados ya sea naturalmente o por otros medios científicos, es así como se lleva a cabo la producción de cuerpos y almas al mismo tiempo en la tierra, otros se van desarrollando, y otros se van guardando protegiéndolos de cualquier cosa negativa, pero después son distribuidos por medio del matrimonio, para al final de los años que le pertenecen a cada individuo y sean enviados al lugar que será su morada final.

Es el mismo hombre el productor de vida encomendado por DIOS, pues fue el hombre el que recibió y fue acondicionado para producir el esperma que daría al ser humano la capacidad de ser productor de vida, por medio de la unión sexual o por medio del fluido varonil llamado esperma, por el cual hay vida en (la bodega de cuerpos y almas, el planeta atierra).

GENESIS # 1: 28 Y los bendijo DIOS, y les dijo: fructificad y multiplicaos, (RVR1960).

La unión sexual fue el medio original por el que la humanidad se ha producido, y su fabricación y desarrollo depende del lugar de nacimiento original, sus costumbres e idealismos que se comparten con otros países para su riqueza a nivel cultural e intercambio de conocimientos científicos que conllevan a los países a crecer culturalmente, socialmente, e individualmente.

Así es que queda claro que el hombre es el productor de vida, y es el hombre el responsable de cuidar en donde vacía su esperma, pero de seguro DIOS no quiere que sea tirada a la tierra, pues es como tirar lo más preciado a la basura, y el esperma es vida en otras palabras el esperma hay que saber y cuidar en donde es puesta,

El alma por sí misma no tiene sexo, ella es un cuerpo celeste que esta por un tiempo aquí en la tierra para después de separarse de su cuerpo físico viajar al lugar que a ella le pertenece.

El cuerpo físico tiene límite de tiempo, y si llega a los ochenta años de vida, le fue bien, y el cuerpo físico es el que está hecho para tener sexo, y se encarga de todo lo referente a la producción visual y física del ser humano aun cuando trae dentro de sí, el alma que es su compañera inseparable, hasta la muerte.

El espermatozoide

Sabemos que la vida viene por medio del espermatozoide fabricado por el hombre a través de la sangre, y su sistema reproductivo masculino.
Y es el espermatozoide que al ser expulsado con fuerza, el empieza a tener una reacción personalizada, pues inmediatamente después de salir, el busca muy inteligentemente el lugar en donde podrá desarrollarse y que será su casa hasta que la muerte los separe.

El espermatozoide tiene una actitud y es que sabe a dónde se dirige, pues tiene un instinto que lo lleva como jalado por un imán y para lograr eso, el nada moviendo su larga cola como nadador profesional buscando el triunfo que le dará la medalla de VIDA, al llegar al ovulo de la mujer en donde será bien recibido y para el espermatozoide será también su primer cuna.

Para que un espermatozoide llegue al ovulo de la mujer, primero tiene que pasar por dificultades compitiendo con cientos de ellos, pues todos están compitiendo por el mismo galardón, que es la medalla de la vida, y para eso tienen que nadar mucho, y muy fuerte pues todos saben que solamente hay un espacio por donde se puede entrar y cuando alguno entra, ya no hay cabida para otro y el resto de ellos morirá en unas cuantas horas.

Una vez que el espermatozoide está situado dentro del ovulo de la mujer y ella se da cuenta, ella tendrá que buscar la buena alimentación y cuidados personales para el desarrollo y bienestar de lo que será una criatura saludable y un nuevo ser humano capaz y que ayudara a poblar la tierra, y será otro productor de cuerpos y almas saludable físicamente y mentalmente en (la bodega de cuerpos y almas, el planeta tierra).

Cuando el espermatozoide se va desarrollando, y llega a la madures a la cual se le llama feto él ya tiene consigo los sentimientos que se irán desarrollando poco a poco según las circunstancias de su propia vida sean negativas o positivas, para esta edad el feto percibe psíquicamente lo bueno y lo malo que le rodea principalmente si percibe que lo quieren abortar, y para él, que lo quieran matar no le encuentra razón pues él no ha hecho nada para merecer la muerte, y eso le causa descontento y dolor.

Los abortos son dolorosos tanto para la mujer como para el embrión, al cual la Biblia le llama (criatura), y aunque está pegado a su madre por el cordon umbilical él es independiente pues esta creciendo y se está desarrollando físicamente y mentalmente en su propia vida para salir de allí a un ambiente que no conoce pero que aprenderá a adaptarse a él y que le dará el conocimiento para seguir su propia vida

Educando el alma

El alma desde que nace tiene que ser educada junto con su compañero, el cuerpo físico pues los dos son compatibles en la vida en desarrollo, y si educamos a uno, no podemos dejar a el otro en ignorancia ya que cada uno de ellos tiene funciones diferentes que completan la función del otro, la educación del cuerpo físico tiene que ver con las funciones directas de todo lo físico y materiales diferentes, lo que se ve y se toca, en cambio lo referente al espiritual (el alma), varea en su actuación pues es ella la que se encarga de las cosas que no se ven pero que son muy importantes, como lo es el tener memoria para gravar todo lo que tiene un sonido, todo lo que se mueve, pensar, hacer que el cuerpo físico se mueva, pues el físico, sin el alma no se puede mover, ella tiene vida eterna y el físico tiene fecha de caducidad para estar aquí en la tierra, y es por eso que hay que educarlas a cada una en su propia esencia, al cuerpo físico lo mandamos a la escuela, como lo son la guardería, kínder, primaria, secundaria, preparatoria, colegio, universidad, o a alguna especialización técnica, y así entre más estudiemos más será la educación que tengamos para obtener un mejor sueldo mañana.

Nuestra capacidad educativa, nos dará más oportunidades de ser unos seres triunfantes y de un valor educativo brillante, además nunca es tarde para empezar.

El alma también necesita la educación que es a su nivel espiritual, que quiere decir eso?
Que si el alma es vida y es eterna ella también tiene el derecho de ser educada, no tan solo para vivir aquí en la tierra sino para seguir brillando en la eternidad con su capacidad mental y espiritual que ella tiene y desarrollara con la educación que se le dé individualmente, y en grupo.

El alma escucha y grava todo, y es para siempre, también aprende tanto de lo positivo como de lo negativo, y es por eso que la Biblia dice que la fe viene por el oír la palabra de DIOS. y el alma tiene la elección de sortear lo que escucha si le conviene, o si le gusta o si la convence para su crecimiento o gusto personal.

El alma tiene memoria eterna, y será juzgada en presencia de DIOS con una memoria activa pues el alma no pierde los recuerdos de todos los hechos de la vida diaria de todo ser humano sea chico o grande.

El alma que es educada desarrolla un nivel mental para pensar más ampliamente que otras almas que no se les ha dado atención en forma educativa, y con el ejemplos del diario vivir y entorno familiar y comunitario, al irse desarrollando mentalmente ella pude alcanzar formas muy amplias de ver y pensar juzgándolo todo antes de tomar las decisiones pertinentes a cualquier situación sea negativa o positiva.

Las Células

En su desarrollo el ser humano, va adquiriendo una categoría de crecimiento que tiene para su identidad diferentes nombres como:
Embrión
Feto
Criatura
Infante
Niñez
Adolescente
Adulto
Vejez
Muerto.
El ser humano desde que está en el vientre de su madre, está formado por millones de células, y cada una de ellas tiene su propio cerebro, con el cual se comunica y está entre lazada una con la otra para llevar la comunicación pertinente al buen funcionamiento de todo el cuerpo físico humano, y cerebral, y es esta parte la que se encarga de grabar todo lo que hay alrededor de su entorno sea visual o de sonido, también la percepción psíquica es una de las características del cerebro a un nivel espiritual que influencia al cuerpo físico humano a sentir cosas a su alrededor que no se ven, al ojo humano, y que también puede sentir cosas negativas que están alrededor del cuerpo físico sean espirituales o con materia con vida.

Cada cosa que se mueve por sí misma y que pertenece y que está dentro de un cuerpo humano como lo son las células, constituyen una alma completa, y si esa persona le falta uno de sus miembros por cualquier causa o razón, su alma no tiene perdida ella sigue completa pues ella no se rompe, ni la podemos cortar pues ella esta echa de una sola pieza de un material resistible a todas las calamidades físicas, y es solamente al cuerpo físico al que podemos partir quemarlo o desaparecerlo, y este si puede tener perdidas de cualquiera de sus partes con las que está formado, también se le puede poner prótesis, o donar sus órganos para que otra persona las utilice, también el cuerpo físico humano al morir, su cuerpo se hace polvo o se pudiera momificar, pero seguirá sin movimientos pues a este punto ese cuerpo ya no tiene su alma que es la que le daba vida y movilidad.

El alma está formada de material para atravesar el universo sin ningún trastorno y llegar al cielo para encontrarse con su DIOS al cual le dará cuentas de lo que hizo, y de lo que no hizo aquí en (la bodega de cuerpos y almas, el planeta tierra).

EL APOCALIPSIS 20: 12 Y vi a los muertos grandes y pequeños, de pie ante DIOS; y los libros fueron abiertos,

El Infante

Tratándose de la educación del alma, desde que el ser humano es infante, ese es el mejor tiempo para empezar a enseñarle las cosa tanto de la vida física como la espiritual del alma, pues así como en el físico tenemos un cerebro, ojos, nariz, boca, oídos y manos, así también tenemos un receptor universal que aprenderá todo lo que se le enseñe para su beneficio y crecimiento del alma y que entre más temprano se le eduque enseñándole que tiene una alma y que es vida eterna, entonces podrá el captar mejor las cosas que pertenecen a su persona completa y no estará ignorante de su vida física y espiritual con la cual tendrá que negociar separadamente para su mejor educación moral, espiritual intelectual, a niveles más elevados y que lo llevaran también a mirar las cosas del alma más ampliamente comprendiéndolas con seguridad y exactitud.

El infante es muy receptor a todo lo que se le va enseñando, y si él es maltratado en su pequeño físico, entonces su pequeña alma sufrirá una falta de respeto que le causara a través del tiempo trastornos emocionales en su pequeña alma y algunos de ellos no tendrán remedio, pero si es tratado a tiempo de esos sentimientos malignos, entonces probablemente, tenga algún remedio, que lo salve de depresiones futuras y graves.

Las impresiones fuertes pudieran ser causantes de que el menor sea desajustado de una vida relajada a una vida con tención aguda, y de magnitudes desastrosas, como no poder funcionar y reaccionar a una edad que es requerido que eso suceda, también a futuro le pudiera causar estragos en la vida de pareja no pudiendo cumplir con los requerimientos del momento para tener una vida saludable física y mental con una moral limpia.

Es muy importante para el ser humano cumplir con los deberes conyugales pues eso le da satisfacción física y mental con puntos morales, pues al cumplir satisfactoriamente con ellos lo hacen sentirse que ya cumplió y su vida estará completa en esa área.

Hay enfermedades que llegan al ser humano por los desajustes que hay entre su cuerpo físico y su alma pues al ser maltratado a una edad temprana, lo cual se verá muy visualmente al momento que esa persona se va desarrollando en la vida, principalmente cuando tenga que hacer decisiones personales, como cuando tenga que elegir qué carrera quiere estudiar, y tal vez no quisiera estudiar ninguna, pues esta confundido a cerca de como tomar decisiones persónales, y buscara a la persona que lo maltrato para pedirle que le ayude a tomar decisiones acerca de qué carrera seguir, pues estas personas se hacen dependientes de su verdugo, y no se zafaran de el asta tener una buena terapia que corte ese laso maligno espiritual del alma.

El Alma

Todo ser humano tiene una alma y sin ella no puede sobrevivir, si ese ser humano se mueve, piensa y reacciona es porque su alma = (CEREBRO ESPURITUAL) está conectado en posiciones correctas con su físico y estas conexiones hacen un trabajo bueno para el ser humano con vida.

Y es desde la niñez, que la probabilidad de un mejor entendimiento, sea dándole una buena educación como necesaria, pues será más fácil para el menor aprender todo lo que se le enseñe tanto con palabras como por los ejemplos que el reciba y que sean con actitudes de enseñanzas prácticas de la edad que él tenga a cada etapa de su vida, hasta ser un adulto responsable y educado.
Cuando se trata de la educación del menor, primeramente su alma debe de ser educada por los padres, abuelos y familiares con las cosas morales, y espirituales con las cuales el tendrá que negociar tarde que temprano, sea a la edad que sea, tal vez pude ser en la escuela, o con las relaciones sociales.

El alma del menor siempre está queriendo amor, atención oír palabras de sus padres que lo llaman para tratar con el cosas que a él le interesan, también al menor le gusta que toda su familia le dé y respete un lugar y la importancia que el merece que sea solo para él, como parte de una familia con un cerebro espiritual.

El comportamiento inadecuado del menor se debe a varios factores, factor # 1, es la falta de dedicación de los padres a la educación básica en casa, como comunicarle al menor que el deberá de tener un comportamiento de educación frente a otros seres humanos en donde suelen ir de compras o de paseos sea al parque, playa o cualquier sitio de entretenimiento fuera de casa, y no hacer berrinches en lugares públicos, pues él se ve mal haciendo eso, y las personas son afectadas por esos comportamientos que son agresivos para otros menores, cuando son expuestos en público.

Es necesario que los padres antes de salir de casa le den una guía al menor de como se debe de comportar en público, y también advertirle que habrá consecuencias si no cumple con la guía que se le está dando, pero los padres deberán de cumplir con las reglas de educación para el menor, como aplicar las consecuencias que se le dijo que se le aplicarían si se sale de la guía de comportamiento que es ofensiva y grotesca delante de la gente.

Si el menor se sale de control los padres deberán de aparte de darle las consecuencias de su comportamiento inadecuado, deberán de cumplirle lo que se le prometió pues de ese modo el estará entendiendo por los hechos lo que no entiende por medio de las palabras, y así el estará eligiendo tener mal comportamiento y consecuencias, o corregirá su actitud y cambiara su comportamiento para mejor.

La Pareja

Lo más importante entre las parejas es la comunicación, pues al hacerlo se están evitando muchos problemas de toda índole y hay que procurar serlo en lo positivo no en lo negativo, pues lo negativo sale bien y muy fácil para ofender a los demás, pero la comunicación positiva es difícil de expresar claramente, y las personas piensan que al hablar están comunicándose pero la verdad es que solamente están hablando y ofendiendo a la otra persona, si usted tiene problemas hablando comunicación positiva puede consultar a un especialista en la comunicación o a un consejero de parejas, y así su vida será más fácil de llevar, pues recuerde que todo lo que usted haga y diga, sus hijos lo están aprendiendo principalmente si su hijo es menor de edad pues la casa toma el lugar principal para la educación de los hijos allí en casa se les está formando un carácter con bases morales, espirituales y físicas que el llevara a su propia casa cuando él se case y tenga sus propios hijos.

Como por ejemplo; si sus padres están casados, ellos también buscaran casarse en el tiempo apropiado, pero si los padres viven en unión libre entonces ellos también buscaran hacer lo mismo y la moral familiar empezará a ir por un camino diferente.

Cuando el matrimonio no se sabe comunicar positivamente, inmediatamente y poco a poco, la pareja empieza un distanciamiento que sin que se den cuenta los llevara a un enfriamiento en la pareja, y sus almas empiezan a tener y sentir un abandono que los mueve de su lugar estable hacia un lugar vacío que después lo llenara otra persona, pues todos los adultos después de tener una pareja ya no pueden estar sin una ya que DIOS hizo al hombre y a la mujer para que entre ellos dos se hicieran compañía pues aunque casi todas las parejas tienen hijos, estos cuando llega el momento de partir para formar su propia familia, o por cualquier motivo, los hijos se van dejando la casa de sus padres, y algunos regresan tan solo para ver morir a sus padres, y es por esas razones y cosas de la vida que las parejas deben de tratar de tener una buena comunicación para vivir juntos y felices sea con hijos o sin hijos, hay padres que expresan que sin sus hijos ellos se mueren pero la verdad es que no se mueren, pues el alma se adapta a cualquier circunstancia en la vida por más dolorosa que esta sea.

Cuando el alma es escuchada se hace fuerte también cuando ella escucha y se tiene esa comunicación tan preciada, las parejas llegan a ser exitosas también en su vida en la práctica sexual y ambos quedan satisfechos pues pueden hablar del tema al comunicar lo que les gusta y lo que no les gusta con confianza.

Cosas de Especialidad

El ser humano completo se forma de Espíritu, Alma y Cuerpo, además cada uno de ellos tiene funciones completamente diferentes pero que hacen el complemento perfecto para el funcionamiento de un ser humano activo físicamente, moralmente y espiritualmente.

El cuerpo físico tiene las funciones que se necesitan para casi todo lo concerniente a lo que se puede ver y tocar, como lo es:

La práctica del sexo,

Nacer,

Tener movimientos corporales,

Funcionamiento de todo el organismo,

Hablar,

Oír,

Ver,

Oler,

Comer,

Tocar,

Caminar,

Sangre,

Cerebro,

Se enferma,

Descansa,

Y es el cuerpo físico el ancla que detiene el alma para que no esté todo el tiempo flotando, y andan juntas siempre hasta que la muerte las separa.

El ALMA, también tiene su especialidad con sus funciones únicas pero que dan complemento al cuerpo físico humano, como lo es el.

El alma también tiene nacimiento.
Grava todo los sonidos que hay en su entorno.
Mira las actitudes detrás de las palabras.
Vuela aun en la gravedad por naturaleza.
Su alimento son las cosas morales y espirituales.
Se goza cuando sabe de DIOS.
Su educación es por el oír y por el ver.
Tiene CEREBRO y pensamientos.
Ella es consiente y es eterna.
Practica la tristeza el gozo el susto y la alegría.
Le gusta la flora, fauna y el ser humano.
Es fanática de DIOS.
Es transparente pero Ella nos puede ver.
Algunas veces se hace visible.

EL ESPIRITU es el encargado del contacto del alma con DIOS, y el añora su presencia y acarrea todo lo que el cuerpo físico le deja entrar a el alma para su crecimiento y cercanía con su DIOS, y con todo lo que representa el mundo espiritual y es ese el medio por el que el alma crece moralmente y se va fortaleciendo para su vida personalizada y que en la eternidad y aquí en la tierra, podrá entender con las cosas que le tocara ver y oír aquí en la tierra y en el futuro, en el cielo.

Los Golpes

El alma sufre golpes morales en su estancia aquí en la tierra y también físicos, en los físicos a ella le duele cuando se golpea cuando le curan las heridas también cuando se corta, y cuando se despega del cuerpo físico y muere pues se sorprende del despego físico principalmente si la muerte llego por sorpresa, pero ella es consciente de todo lo que pasa en su entorno sea por sorpresa o por naturaleza.

En los golpes directos a el alma, los más dolorosos serian,

El desamor.

El despego de sus padres hacia el menor.

El maltrato físico, moral verbal y psicológico.

La mala información a cualquier tema.

Mala alimentación moral y espiritual y física.

Las malas sorpresas.

Los golpes físicos al menor, de los padres al cuerpo físico a cualquier edad de los hijos.

Llamarlos por sobrenombres o apodos, como gordo, flaco, prieto, peludo, tonto, simple, el chueco, chaparro, narizón, enano, dientón, bocón, pulga, malandro, diablillo, ojón, simple, metiche, cegatón, apestoso.

Hay muchas maneras de darle golpes a el alma, y esos son los que llevan cicatrices que muchas veces no se curan del todo y a través del tiempo siguen supurando y doliendo principalmente si vienen de los padres, por la inconciencia con la que trataron a sus hijos.

Una alma herida pudiera tomar diferentes rutas, para su desahogo moral y físico, como seria:
Huir.
Llorar.
Gritar.
Golpear.
Aventar.
Romper.
Jalar.
Tomar veneno.
Degollarse.
Colgarse del cuello.
Matar a alguien.
Odiar.
Estas son solamente algunas rutas de desahogo para una persona que se siente desesperada, en un callejón sin salida, pues su mente esta perturbada, y no puede pensar en que es lo mejor de hacer y elijen lo que está más a la mano para hacer y salir de esa situación que es como un cajón y que no pueden salir de él, y tampoco pueden ver hacia afuera, además ese cajón tiene un candado del cual no tiene la llave para abrir.

Es bueno y preventivo el observar a los hijos cuando los vemos teniendo cambios repentinos, fuera de las rutinas del diario vivir, pues esos cambios pudieran estar mandando señal de que el hijo-a están salidos de la vida normal que ellos acostumbran llevar.

La Alimentación

Hay muchas maneras para alimentar todo nuestro ser, para que funcione de una manera completa, y que nos lleve a tener una vida con un funcionamiento básico y exitoso.

Casi todos los seres humanos nos enfocamos en la alimentación del cuerpo físico, ya sea para alimentarlo bien con una dieta saludable, otras comen sin poner cuidado a lo que esta ingiriendo sea saludable o no lo sea, también no hacen recuento de cuanto están comiendo y tampoco tienen horarios para tomar sus alimentos, pero al final todos comemos para satisfacer el apetito y poder seguir teniendo energía para seguir adelante en su día a día de la vida diaria.

Le ponemos poca atención a lo que puede ser el resultado de comer sin medida y sin calcular los resultados que nos traerá una alimentación como esa, si comemos más grasa de lo que el cuerpo necesita tendremos problemas arteriales, si comemos más harinas de la que necesitamos eso nos traerá inflamación al cuerpo, y si nos gusta la azúcar y no le ponemos medida para ingerirla, eso nos traerá corrosión, y aunque por un tiempo no sintamos nada negativo en el cuerpo, de seguro en nuestros años de madurez, aparecerán las enfermedades y con consecuencias desastrosas que nos harán sufrir con trastornos múltiples .Es por eso que es mejor que desde la juventud nos alimentemos, dándole un pensamiento a todo lo que nos alimenta.

Una mala alimentación nos quita de tener una vida exitosa en todo lo que hacemos, pues el buen alimento aparte de darnos energía nos proporciona todos los nutrientes que necesitamos para crecer tanto físicamente como mentalmente, pues el cerebro es opacado en su trabajo diario de pensar, por una mala alimentación, en cambio si se le alimenta de una manera adecuada , el funcionara mucho mejor y tendrá un desarrollo en todas las decisiones que tome cada día.

EL ALMA, también sufre consecuencias por una mala alimentación, pues como ella necesita las cosas morales y espirituales entonces a ella se le tiene que dar la alimentación propia para su buen funcionamiento para que ella sea una ALMA sabia, inteligente, y que pueda negociar con los contrastes de la vida presente y futura eterna.

Su alimentación primordial es el amor, pues el amor la hace fuerte, la comunicación con su físico le es muy provechosa, ella aprende cosas que le servirán para desenvolverse en esta tierra y en el cielo.

A ella le gusta mucho que la amen, que la consientan, que la consideren y que le enseñen que cuando se valla de este mundo, y ella llegue allá con un conocimiento pleno de lo que encontrara, y que no le sorprenderá pues desde su estancia en la tierra ella fue alimentada con el conocimiento pleno de que será el viaje más hermoso pues estará entrando en los linderos de DIOS, para verlo por primera vez, y ella no querrá regresar a la tierra.

Lo Visual

El alma está acostumbrada a observar todo lo que tiene forma y le gusta mucho, pues por medio de lo que ella ve se educa hasta cierto punto y los colores son una armonía con las figuras geométricas y es por eso que educar el alma es fácil ella es muy sencilla y aprende pronto ella es, EL CEREBRO ESPIRITUAL que todo ser humano posee.

Cuando empezamos a atender yendo a la escuela y se nos educa en todas las áreas en donde el ser humano necesita para funcionar en esta vida humana, también al mismo tiempo se le está dando parte de la educación a nuestra alma, pues ella es más sofisticada y necesita también la educación moral y espiritual para la vida aquí y la vida eterna en donde tarde que temprano ella viajara para allá en donde se encontrara con cosas extraordinarias que están en los linderos de DIOS y su lugar de estancia, con todos los seres que no conocemos, como los ángeles, piedras preciosas, animales raros para nosotros, un mar cristalino, ALMAS de seres humanos que ya murieron, y que están en la presencia de DIOS. utensilios, como lo son copas, candeleros, también está el árbol de la vida el cual tiene fruto, y todo esto es físico y visual en esa dimensión amplia y que tarde que temprano estaremos allá, y que por lo tanto debemos de ser educados en ella para no llegar como asustados sino contentos, pues llevaremos el conocimiento de lo que existe allí por medio de la educación del ALMA.

El ser humano tiene la idea de que lo espiritual no se ve pero no lo vemos porque nuestra capacidad es menor a lo grandioso que es esa dimensión que tiene un alcance con otros materiales que al ojo humano sería imposible atravesar con la capacidad de nuestros ojos con limitaciones.

Por eso es que se debe educar a nuestra alma en estos temas para que ella sea capacitada en su memoria y en su sentido común para que su desarrollo este a la altura del mundo espiritual que es necesario en las dimensiones que el alma necesita navegar, y que se adapte en la vida eterna con otras almas que tendrán su misma postura y conocimiento el cual obtuvo desde aquí en(LA BODEGA DE CUERPOS Y ALMAS, EL PLANETA TIERRA), la cual fue su casa por un tiempo definido, y fue desde que se creó hasta la separación de su cuerpo físico el cual dejara para ella poder volar al infinito, sin que nada se lo impida.

Los seres humanos tenemos limitaciones, pero cuando el alma está libre del cuerpo físico es entonces que su actuación eterna empieza a surgir en el mundo al cual llamamos espiritual, y en el cual ella funciona bien, es entonces de parte de nosotros que debemos tener una educación moral y espiritual adherida a la educación regular para educar a nuestra alma, y así estaremos cumpliendo con casi todo lo necesario para que nuestra alma sea una alma educada y preparada para toda su estancia eterna en donde quiera que ella este.

Lo Importante

No importa a que círculo social pertenezcas o a cual genero sexual te inclines, o a que raza pertenezcas, tampoco importa el color de tu piel, o si eres delgado u obeso, pelón o peludo, o si tienes ojos de color azul, y tampoco importa si naciste sin piernas o brazos, o si te faltan todas las extremidades o eres ciego o sordo, o si tus padres no te quisieron y te abandonaron desde antes de nacer.

Y probablemente por esa razón haz estado triste por muchos años, y también pudiera ser que tengas un orgullo tan alto como el firmamento, o estés orgulloso de pertenecer a una familia pudiente, pero quiero decirte que si no sabes que tienes una alma, estas totalmente a ciegas.

Así es que (LO MAS IMPORTANTE), para el ser humano es saber que tiene una alma, y debe de empezar a conocerla y a EDUCARLA.

Primeramente se debe de empezar por saber que dentro de nuestro cuerpo físico tenemos una alma que le da vida y movimiento a nuestro cuerpo físico, y que esa alma es eterna, y es por ella que nuestro físico funciona de la manera que lo vemos actuar, el cuerpo y el alma se parecen pero no son idénticas pues mientras una tiene cuerpo terrenal, la otra tiene las características espirituales que no envejecen.

Y mientras una come todo lo que se ve, la otra come lo que no se ve como lo son las cosas morales, que a propósito le gustan mucho.

Cada ser humano tiene el privilegio de pertenecer a la vida humana que fue depositada en Adán, por el soplo que DIOS le dio cuando soplo en la nariz de Adán y le introdujo aliento de vida a través de las vías respiratorias y que el cuerpo de Adán no rechazo, y que al ser depositadas con el aliento de DIOS, tomo forma en el cuerpo del recibidor, llamado Adán por EL MISMO DIOS.

Así que cada uno de nosotros somos representantes de aquel acto de transformación que le da vida a un ser hecho del polvo de la tierra dándole vida y movimiento y así empezar junto con su mujer Eva a poblar la tierra por mandato de DIOS, pues de esa manera es que llegamos todos los pobladores a ser miles y millones de seres en la tierra, son millones los que han muerto en las guerras y también por otras causas diferentes pero la tierra se sigue poblando por el mandato del mismo DIOS, es por eso que la obediencia a DIOS debe de ser por sobre todas las cosas.

Así que lo que se está haciendo al poblar la tierra es fabricar cuerpos compuestos con un físico y un alma y el alma es la que tiene la vida que al separarse de su físico regresa a DIOS pero sola pues deja a su físico aquí en la tierra.

Las Medidas

El alma no tiene un tamaño en particular pero se va desarrollando junto con su físico y juntos crecen de modo simultaneo, aunque el alma tiene una flexibilidad con la que nace, y con la cual se ajusta con el desarrollo de su cuerpo físico que le corresponde, y ese cuerpo físico tiene la peculiaridad de crecer hasta una altura promedio la cual heredo de sus padres trayendo consigo el A, D. N que le corresponde, y el cuerpo físico se estira hacia los lados y también puede adelgazar hasta el punto que le permita su propia estructura física sin que el alma sufra ningún cambio, pues ella por sí misma no tiene un tamaño con limites, solamente es ajustable con su propio mecanismo el cual le permite estar dentro del cuerpo físico y hacer los ajustes necesarios según sea la ocasión o necesidad, como por ejemplo, cuando el alma se despega de su cuerpo ya sea por desajustes emocionales o por muerte. El alma también tiene dentro de sí misma espíritu, que es otro mecanismo con el que ella tiene que tener contacto para llevar una vida completa, para ser un ser trinitario completo y funcional como DIOS lo formo desde el principio de la creación.

El alma se estira para salir de su cuerpo físico teniendo como puerta la cabeza, y estirándose hasta dejar una punta en su físico para no dejarlo del todo pues si eso sucediera entonces vendría la muerte por medio de una separación total.

El ser humano está compuesto de espíritu alma y cuerpo, y estos tres tienen mecanismos diferentes entre uno y el otro pero al mismo tiempo son compatibles entre sí haciendo un trabajo armonioso para llevar a cabo una vida formal que tiene por meta vivir agradarse a sí misma, amarse y ajustarse una con la otra.

Cada una de estas partes es completa en si misma pero para funcionar aquí en la tierra necesitan estar constantemente compartiendo sus funciones individuales tanto las terrenales como las espirituales, al físico le gustan las cosas terrenales, a el alma le gusta lo moral, pues es parte de su naturaleza y al mismo tiempo se ajusta a lo que aprenda en la vida moral a ese nivel. O a la educación que le brinde su cuerpo físico mental.

El espíritu brinda a estos dos el deseo de saber de DIOS, y convivir con El, pues es su creador y proveedor de vida y vida eterna.

Los mecanismos varían entre sí, el terrenal como terrenal y busca todo lo visual para tocarlo.

El del alma con expectativa de educación pues le gusta todo lo que pude aprender que sea eterno.

El espíritu como proveedor de las cosas espirituales.

Pero la persona en su estado completo elige y decide lo que quiere para ella de una manera independiente, y que no puede responsabilizar a nadie de sus decisiones y de los efectos positivos o negativos finales.

Enfermedades

El espíritu es callado y si el cuerpo, y el alma le dan cabida para expresarse él lo hace muy bien, pero es respetuoso de los permisos que se le otorgan sean de su agrado o no lo sean, y el no sufre ninguna enfermedad ni mental ni de ninguna índole pues lo único que hace es ser mediador para una buena información espiritual para el cuerpo y el alma, que al final será beneficiaria para la vida eterna del alma.

El alma si se enferma, principalmente con las cosas que le hacen estremecerse como lo son las cosas morales o espirituales imprevistas o en desarrollo , y estas hacen que el ser humano tenga desajustes ente su cuerpo físico y el alma y es allí en donde las enfermedades o desajustes del cuerpo y el alma se van formando poco a poco o de inmediato, hasta llegar a desarrollar enfermedades morales como lo son la tristeza crónica, el desánimo, la depresión, el mal comportamiento, y otras enfermedades que por medio de ajustes entre el cuerpo físico y el alma se pudieran aliviar, tratándolas con paciencia con un terapeuta familiar. Y con la practica moral y espiritual necesaria para el desajuste que hay entre el cuerpo y el alma, y que cambiaran la vida de la persona que las sufre.

Es nuestro deber tener el alma libre de desajustes para tener una armonía entre espíritu, alma y cuerpo lo cual nos llevara a tener una vida plena y feliz impactando así a toda nuestra familia.

Cuando una persona sufre de (desajustes), eso le incapacita la forma de pensar y es por eso que es mejor tomar los problemas de una manera fría, a darle rienda suelta a nuestros sentimientos pues así evitaremos tener apagado el foco del entendimiento el cual nos mantiene como seres pensantes.

Las enfermedades morales y espirituales tienen remedio y si las atendemos nos sorprendería que también algunas enfermedades físicas desaparecieran pues los desajustes son entre el cuerpo físico y el alma.

Las enfermedades físicas se tratan con un doctor o un especialista en el tema de la salud física.

Las enfermedades morales se tratan con un doctor especialista en ajustes morales mentales.

Y los problemas espirituales se tratan con los consejeros especialistas en la salud espiritual como lo son los consejeros de una iglesia y que están preparados para poder mirar las cosas espirituales, y darles un tratamiento favorecedor que dé, el ajuste necesario entre el alma y el espíritu y que darán a la persona un cambio de una vida en desbalance a cambio de una vida ajustada a la felicidad y a un cerebro limpio de oscuridad, y a una mente ligera y limpia para un mejor funcionamiento moral, espiritual y físico.

Lo mejor para todo ser humano es estar libre de enfermedades (DESAJUSTES), por lo tanto visite al especialista que le podrá ayudar en su necesidad cualquiera que esta sea.

Terapias

Para casi todo tipo de enfermedades hay control por medio de terapias diferentes, como lo son medicinas, también medicina natural, médicos con especialidades diferentes, como lo son los quiroprácticos, los pediatras, y también medicina y terapias que viene de otros países, como lo son acupuntura, y herbolaria como lo son los tes diferentes, vegetales, granos, semillas.

Sin dejar de mencionar, a las personas especializadas que nos ayudan con las terapias personalizadas o de familia, y a las parejas con problemas de comunicación, o si alguno de los dos actúan como si no tuvieran pareja y son tan independientes que no pueden pensar en los demás para considerar la opinión del otro pues su opinión no tiene el valor, y lo que diga la otra persona será invalido e insuficiente.

Las terapias a nivel intelectual, o dicho de otro modo, a un nivel mental, en ciertos casos para su mejora, pudieran tomar un poco más de tiempo para unos resultados mejores, pues hay casos en donde el mal es profundo, o se dejó pasar mucho tiempo para buscarle remedio, también pudiera ser que la situación de impacto fue mucho mayor que la resistencia común que la persona tiene en su sistema moral, y en muchos de los casos las personas por no poder resistir el golpe en su cerebro espiritual, ellas se dejan ahogar por el dolor, y la tristeza atrayendo así un dolor permanente que le traerá el desánimo y el desinterés en la vida y vivirá con un pensamiento de zombi hasta que sea tratada con un especialista de la salud a nivel espiritual.

(La terapia visual mental celestial), es muy importante pues con ella podemos relajarnos y consiste en tirarnos boca arriba en un lugar cómodo e individual para cada persona, y también pudiera ser en pareja pues de esa manera ellos dos pudieran tener un contacto espiritual al mismo tiempo, y así experimentar juntos cosas bellas que los hará crecer como matrimonio, y llevar una vida más en armonía juntos y poder ver las cosas importantes de un modo más positivo.

Esta terapia consiste en tener una guía que se encargue de guiar a la o las personas que quieran tomar la terapia, y acostados o sentados de una manera cómoda y relajada y con los ojos cerrados, se tiene que visualizar plenamente el cielo sin nada en él, pero con su color celeste sin nubes ni astros que empañen su color, quedarse quieto mirando a lo cercano, luego al cielo medio y después de hacerlo por dos minutos en cada espacio, ver a lo profundo y allí estacionarnos por dos minutos tratando de ver algo que pertenezca a esos tres lugares, y respirando profundo y estando relajados, podemos empezar a mirar la luna , las estrellas o alguna cosa que se mueva pues tal vez los movimientos de los astros nos indiquen o nos enseñen algo que no nos pueden enseñar las personas a nuestro alrededor, después hay que regresar para abrir los ojos y con la misma relajación saborear los efectos que nos deja esta terapia y seguir con esa actitud en el diario vivir, esta terapia se puede practicar día a día en un horario conveniente para cada persona.

Conexiones simétricas

En el mundo físico espiritual hay enfermedades que son simétricas, pues son enfermedades que su cura no es nada más por el cuerpo físico sino que son simétricas con el alma pues el cuerpo y el alma nacen juntos, crecen juntos, y mientras el físico se envejece, el alma solamente se acomoda estirándose de un lado a otro dentro del cuerpo ajustándose en común acuerdo los dos, y también el alma llega a tener un tamaño sin sobrepasar el tamaño del cuerpo físico, y es por eso que la mayoría de las enfermedades físicas no se curan y es porque la simetría de ellas las hace compartir todo, así como lo bueno así también lo negativo pues tienen una combinación de procedencia unitaria y si nada más tratas de curar el cuerpo físico no habrá resultados positivos ya que también hay que buscar la cura del alma para un mejor resultado en todo lo que es el ser humano completo, pues el ser humano no es solamente físico sino que tiene tres compartimientos que se deben de revisar para ver cuál es el que tiene el problema o si es que hay no nada más un enfermo pero pudieran ser dos de ellos, lo más fácil es lidiar con el cuerpo físico, pero lo mejor es buscar en donde está la raíz del problema, para una solución mejor. Esto no quiere decir que la persona será curada a la primera sesión, pues hay muchos factores profundos en donde las enfermedades empiezan, pero si escarbamos un poco más profundo en las heridas del ser humano probablemente le encontremos cura.

Si buscamos en el cuerpo físico por medio de los dolores que tiene, de seguro el doctor recetara algún medicamento para esa manifestación del cuerpo que está mandando señales de alerta,

También el alma sufre de dolores, los cuales son casi siempre ignorados por los propios dolientes, como lo son la tristeza, celos sin fundación, la soledad, el maltrato verbal, el desengaño, la depresión, la locura momentánea, y muchos otros trastornos de dolor que el alma recibe, y que le hacen tener enfermedades morales que no la dejan vivir feliz, es entonces que la persona puede buscar ayuda para ese dolor que parece físico pero que en realidad está conectado a el alma, con reacciones físicas, por ejemplo si una persona maneja el coraje de una manera desproporcionada, los resultados será que será violenta y destruirá lo que este a su alcance y su manera de pensar estará limitada para poder tener un pensamiento positivo para tomar el control de la situación y salir triunfante en ese momento.

También habría que buscar en lo que es el espíritu y es el lugar en el que casi nadie cree que se pueda buscar alivio a alguna enfermedad, pero si lo hay pues cuando tenemos coraje con DIOS, ese coraje se convierte en un sentimiento amargo que nos da dolor en el alma, y el espíritu quiere ayudarnos pero el mismo dolor que nos produce pensar negativamente en DIOS, nos ciega y no nos deja escuchar la voz del espíritu llamándonos para hacer las paces con DIOS, siendo el mejor remedio para cualquier ser humano.

A Donde Vamos

Algunas personas saben de donde provenimos los seres humanos, pero muchas personas no lo saben, otras no les interesa saberlo, y algunas tienen esa pregunta en sus mentes pero no se atreven a preguntar por vergüenza al ridículo.

Pero es bueno preguntar porque de esa manera obtenemos conocimiento de algo que pudiera ser de vital importancia para su propia vida, y al tener conocimiento se puede hablar con seguridad en el tema y al mismo tiempo sería una plática para discutirse, y no para esconderse, y si sabemos de dónde venimos obviamente debemos de saber a dónde iremos, pues la vida comienza de un modo y termina de otro modo diferente el cual no podemos ignorar, a menos que nos de miedo el saberlo.

El ser humano puede morir a cualquier edad, y nadie tiene segura la vida en esta tierra a la cual yo llamo (LA BODEGA DE CUERPOS Y ALMAS, EL PLANETA TIERRA), en donde se fabrican los seres humanos y se desarrollan, se reproducen, y finalmente mueren, y morir es la separación del cuerpo físico y del alma.

El acto de la muerte es nada menos que la partida del alma, del cuerpo físico, esta separación se debe a varios factores uno es el tiempo de vida que DIOS asigno para ese ser humano en particular, y es un patrón singular para muchas personas, no para todas pues hay diferentes situaciones en la vida para que esto suceda.

Las personas se deben de preparar para el acto de la muerte, pues por falta de conocimiento muchas de ellas les da miedo pasar por ese proceso, y con el conocimiento se desarrolla una seguridad para pasar por allí, y si la persona tiene la preparación en el tema entonces sabrá hacia dónde va y que hay allá en ese lugar tan desconocido para muchos pero que en realidad existe y es físico y es visible, y esta DIOS el creador de todo lo que existe, incluyendo muchas almas que están allí, y otros muchos elementos, metales , seres raros para nosotros , ángeles y más.
También están allá las almas de los niños que murieron, así es que cuando los padres de esos niños partan hacia el cielo podrán volver a verlos y se gozaran con ellos.
También están las almas de las personas que aquí en la tierra no tenían sus extremidades o alguna parte de su cuerpo, pero allá están completas, y sus familiares se alegraran de verlas de esa manera tan completas.

El viaje al cielo es individual, pues aunque mueran varias personas al mismo tiempo, cada una de ellas tienen un tiempo para despegar de aquí de su casa (LA BODEGA), en donde nació, se desarrolló, se multiplico, envejeció y finalmente murió, cumpliendo así con el ciclo de vida humana diseñada por DIOS para el hombre.

Los Sentidos

Cuando empezamos a ir a la escuela todos aprendemos que los seres humanos tenemos cinco sentidos los cuales son vista, oído, olfato gusto, y tacto.

El alma goza de los mismos sentidos pero con usos variables al del físico como por ejemplo, el ojo del físico ve lo que es físico o material, el ojo del alma varea en que ese ojo examina lo espiritual de la persona a la que está mirando, y pudiera encontrar en esa persona a través de la mirada un desajuste emocional, o espiritual, pues es como tomar una radiografía por medio del ojo a la persona que está mirando, y ya revelada en el cerebro del examinante sacar diagnósticos que tienen que ver con su vida moral espiritual, o algún acoso de maltrato al cual esa persona no se atreve a decirlo verbalmente, por miedo a las represalias, y que el examinante podrá detectar con facilidad.

El oído espiritual (del Alma), él tiene el alcance de poder escuchar por medio de la práctica, al espíritu santo hablándole como guía a lo que debe de hacer bueno para su vida personal.

El olfato espiritual nos sirve para poder detectar por medio del olfato cuando un lugar esta hediondo de cosas espirituales no gratas, como lo sería una morgue en donde hay personas muertas y algunas congeladas o cualquier otro lugar con olores que salen del cuerpo físico y que se convierten en olores espirituales no gratos.

El sentido del gusto es el medio por el cual el alma puede sentir y saber los sabores diferentes que tenemos al ingerir cualquier cosa pues es por medio del físico que ella se entera de esa acción del sabor, ya que cuando ella se separa del cuerpo físico ella no necesita comer, solamente lo hace cuando está compartiendo con su físico el estar juntas aunque sea por un poco de tiempo o mucho, y de ese modo el alma esta experimentando igual que su cuerpo las cosas pertenecientes a su ser completo.

Se dice que el tacto es lo que conlleva que al tocar con las manos sintamos el rose, o sensaciones, y texturas que tocamos con nuestras manos para detectar y definir ciertas cosas y asimilando todo ese sentido tengamos una opinión definida para diagnosticar las cosas que tocamos con nuestras manos.

En la escuela aprendí que la piel del ser humano es un órgano completo lleno de sensaciones y se repara ella sola cuando tiene algunas rajaduras o erupciones, y que tiene sensaciones por todo su entorno, además no todas las personas tienen las sensaciones en las mismas partes de sus cuerpos sino que cada ser humano es diferente y que se tiene que encontrar las partes sensoriales de cada persona en cada parte de su cuerpo en particular, además esta piel es la cubierta del alma y que juntas hacen un trabajo mejor que estando solas cada quién por su lado.

EL CEREBRO, es el receptor de todo y cuando le van llegando todas las señales y el las junta , y las distribuye para un mejor acordonamiento se van coordinando las ideas para función mejor del ser humano en total, junto con su alma y su espíritu.

El Alma y el Cuerpo

El alma y el cuerpo físico están unidos por los sentidos que comparten en común, hasta que son separadas por alguna acción de diferente índole como lo son la muerte por cualquier razón, y al cuerpo físico no le gusta la idea de que su compañera el alma se despegue de el pues sería el fin de su existencia ya que el físico depende del alma para tener vida, pues el alma es quien le da vida y movimiento al cuerpo físico.

También el alma tiene un extra sentido que es propio de ella y que no todas las personas lo pueden desarrollar no porque no lo tengan sino porque esta subdesarrollado, y es un sentido que el cuerpo físico no lo tiene, por lo tanto no es fácil de detectar pues no tiene nada que ver con lo fisico y es por eso que muchas personas pueden ver cosas que otras personas no pueden, como lo seria ver un ángel y no darse cuenta, también hay veces que las personas deciden no ir a algún lugar porque tuvieron un presentimiento pero no lo puedes expresar, solamente dicen que sintieron que no deberían de ir en esa ocasión y no le prestan atención a lo que podría ser una buena oportunidad para empezar a desarrollar ese sentido extra que tiene en su alma y que lo llevaría a los espacios en donde el alma puede viajar, reconocer, y gozar en un espacio que solamente puede hacerlo por medio de ese sentido desarrollado pero que está disponible para las personas que están vivas, y que tienen sus dos cerebros en acuerdo, el cerebro físico y el cerebro espiritual (EL ALMA).

El sentido de recepción visual, tiene muchas facetas como lo son cuando miramos el infinito, el cielo es de color azul, y más lejos miramos más obscuro, y la Biblia dice que allá en lo más lejos en el cielo en donde esta DIOS hay colores y piedras preciosas como lo son la cornalina, el jaspe, esmeraldas y otras piedras preciosas, también hay oro, cristal y vestiduras blancas incluyendo las vestiduras del señor JESUS (Yeshua), en fin hay colores que nos hacen saber que los sentidos de todos los seres que allá están tienen el deleite de saborear de esos destellos de colores que forman sentimientos que el alma percibe y le dan un sentido de armonía.

Ese sentido que no es el sentido común que tiene el cerebro físico, nos ayuda a entender otras muchas cosas como lo son todas las cosas espirituales las cuales podemos sortear concluyendo si son positivas o son negativas, y de allí después de comprenderlas y tomar decisiones para vivir en ellas como parte de nuestra vida positiva espiritual amando a DIOS, obedeciéndole, y sirviéndole como EL se merece.

Si logramos tener ese sentido común activo será entonces que se adherirá a nuestra alma una paz y alegría de un modo más constante y tendremos una mejor vida en esta tierra en (LA BODEGA DE CUER[POS Y ALMAS EL PLANETA TIERRA), y tendremos una ALMA sonriente siempre.

La Reconciliación

Sería bueno que antes que partiésemos de (LA BODEGA de CUERPOS y ALMAS , EL PLANETA TIERRA), hacia el cielo nos reconciliáramos con nuestro creador pues no es nada mas pedirle perdón por todo lo malo que hicimos, y todo lo bueno que dejamos de hacer, sino que mientras que tenemos tiempo en la vida que EL nos presta (SI, VIDA QUE EL NOS PRESTA) lográramos primero reconocerle como nuestro DIOS y EL CREADOR DE TODO lo que existe, sino también mientras la vida sigue avanzando y haciéndose más corta, que le conozcamos, le amemos, le obedezcamos y tomemos como algo serio el acercarnos a EL confiadamente con un corazón para EL y un pensamiento positivo para hacer de nuestra vida una fuente de misericordia para los demás seres humanos que necesitan limpiar sus almas y educarlas con referencia a la existencia verdadera de DIOS.

Es nuestra alma la que se beneficia cuando tenemos acercamiento con DIOS, y cuando partimos de aquí, las personas nos recordaran por las cosas que enseñamos con nuestra fidelidad y veracidad con la que honramos a DIOS, y mientras vivimos también somos un ejemplo de que el creador existe, y está vivo dándonos el alimento diario, y todo lo que necesitamos para vivir. No nos olvidemos que EL es el dueño de todo, y démosle gracias. Salmo 24:1

Los resultados de una reconciliación con DIOS, son efectos que se pueden ver claramente, como por ejemplo si EL nos dejó su palabra completa para educarnos y darnos el conocimiento, entonces como nosotros los humanos podemos bajar el valor de ella desechando el antiguo testamento, pues un testamento mientras exista aun cuando es viejo no pierde su valor sino que sigue vigente hasta que los herederos toman toda su herencia y la utilizan y si falta algún heredero el testamento no se desecha sino que se espera a que este presente el ultimo heredero para finalizar el deseo del testador, en este caso DIOS, EL creador de ese testamento.

En ese testamento EL SEÑOR Y DIOS nos deja varios mandamientos, preceptos, también cambios de actitud mental, como comportarnos espiritualmente, y también comportamientos físicos adecuados para una reconciliación, y entre las cosas más importantes de practicar es el día de reposo, pues como padre nuestro EL quiere lo mejor para nosotros y dejo como una práctica perpetua para su pueblo ISRAEL, la práctica de reposo llamado también (Shabbat) y es también para toda persona que quiera seguir las costumbres que practican los que se acercan a los preceptos de DIOS el practicar ese día de reposo como un día apartado como obediencia al mismo DIOS que lo dejo escrito en un testamento sin división, solamente con cambios necesarios para las generaciones que van cambiando de vez en vez y que marca la historia original de su pueblo y la llegada de JESUS a esta tierra y el fin de todas las cosas.

La Separación

Cuando una criatura muere sin haber nacido, y su muerte se debe a la decisión de un ser humano de exterminar esa vida, por causas personalizadas, si es la madre la que tomó la decisión de ese acto al cual le llaman derechos a decidir lo que quieran hacer con su cuerpo, podríamos decir que en parte tiene razón, pero cuando se está decidiendo por la vida, o muerte de otro ser humano que es indefenso y que no le dan el derecho de proteger su vida, allí sí se esta matando a un ser indefenso, pues cada ser humano tiene una alma que puede sentir , oír y también tiene un cuerpecito que aunque es muy chiquito también aunque no lo comprende ella siente dolor a un nivel corporal, pues hay muchos métodos que se utilizan para destruirlos, como lo es la trituración por medios de aparatos de fierros y aspiradoras que por más pequeños que sean estos aparatos, hacen un daño mayor pues le están quitando la vida a un ser que está empezando su formación física, moral y espiritual, por lo tanto esa almita llegara allá con DIOS sin poder dar ninguna explicación de el porque está allí, y cuál fue el pecado por el cual tiene que dar cuentas delante de la presencia de DIOS, ya que esa criatura aunque no había nacido aquí en la tierra, ella al morir toma conciencia de un ser pensante y que estará en la presencia de DIOS, para estar con EL en su gloria como una alma completa, y no hecho pedazos como lo hicieron con su pequeñísimo cuerpo.

Si el pequeño que muere ya nació o tiene una edad en su desarrollo entre recién nacido a la última niñez, ese niño es recogido en el reino de DIOS.
Ya que DIOS los considera sin pecado, además esas almas tienen familiares que los reconocerán y los acompañaran en su llegada al cielo.

Mateo 19: 14 Dejad a los niños venid a mí, y no se los impidáis; porque de los tales es el reino de los cielos.

En estas edades los niños que mueren no son sorprendidos por el acto de la muerte ya que ellos tienen una alma sin pecado y su alma esta lista para las cosas buenas que DIOS tiene para ellos aun cuando ellos mismos no saben distinguir bien entre la práctica del bien y del mal, y es después de esa edad cuando el adolescente se empieza a desenvolver en estas prácticas que más tarde le harán dar cuentas de sus acciones negativas, pues las acciones positivas le darán valor a su alma con una moral justa y espiritual.

En las edades que son de la niñez, ellos nada más están repitiendo patrones aprendidos de su entorno principalmente patrones familiares de los padres y en estos niños no hay premeditación sino una acción repetitiva porque eso es lo que le están enseñando las personas más grande que él.
Y si les toca morir en estas edades entonces ellos van al cielo sin culpas o pecados calificados como graves o de culpabilidad personal con castigo adyacente y culposos.

El Adolescente

Con el adolescente tenemos que tener la acción de enseñarle acerca de que tenemos una alma y de dónde venimos y a donde iremos después de esta vida, y que parte de nosotros es la que se va y que parte de nosotros se queda aquí, ya que hay personas que creen que cuando las personas mueren y son enterrada ahí se termina todo y no es así pues el físico y el alma se separan para tomar el rumbo que le corresponde a cada una de ellas, el físico se queda enterrado para luego podrirse y hacerse polvo, pues del polvo fuimos hechos y al polvo regresamos. El alma después de separarse de su físico ella empieza a flotar pues ella no tiene un peso que la detenga para quedarse aquí en donde hay gravedad además ella regresa al lugar en donde hay vida y es el cielo.

El joven también debe de hacer conciencia de que al morir no solo estará su alma consiente y tendrá un encuentro con DIOS sino que estará solo en este proceso de ajuste eterno, y que allá probablemente se encuentre con algunos familiares y amigos que le dirán que se acerque y lo reconocerán como lo conocieron aquí en la tierra, y para que él no llegue como a ciegas hay que enseñarle o advertirle de lo que encontrara allá.

En esta edad tenemos muchas muertes pues el joven acaba de pasar por la ultima niñez, y en realidad tiene mucho que aprender, y es de los padres enseñárselas.

En esta etapa del joven pudiera ser que él no sabe que tiene una alma que puede perder por alguna causa probable, y que sea descuidado al hacer sus movimientos sin precaución ya que el alma puede salirse del cuerpo físico por movimientos bruscos como lo son algunos golpes inesperados, caídas, sorpresas mayores, accidentes de carro, y todo lo que nos haga estremecer a un nivel mayor sin control y que no esperamos.

Por eso es importante que amemos a nuestros jóvenes al grado de evitarles una muerte llena de sorpresas al despegarse de su físico y entrar a un mundo ignorado por él y por su familia , pues ellos nunca le dijeron lo que pasaría en esa transición de cambio eterno en su propia vida física y espiritual del alma.

Todos los seres humanos tenemos un tiempo de partida marcado por DIOS, no importando nuestra edad, religión, o raza tampoco importa si somos pobres o ricos, o si somos famosos o incognitos, o si tenemos una salud excelente, o estamos enfermos, todo ser humano tiene fecha de caducidad.

En este tiempo de violencia , muere mucha gente por asesinato pues el odio racial, el crimen organizado y de religión resaltan por sobre todos los crímenes y por esta causa pagan con su muerte desde infantes hasta gente anciana sin poder defenderse o cuando menos correr y esconderse. Pero todos verán a DIOS en su forma juiciosa y compasiva, desde el asesino hasta la víctima.

El Adulto

Al adulto que ya empezó a formar su propia familia y que ya sabe que tiene una alma la cual está cuidando, y sabe a dónde ira después de esta vida y practica el educarla para cuando su alma se valla al cielo ella sepa a donde va y que será lo que encontrara allá, y este seguro de eso, es entonces el tiempo de educar a sus familia que está formando, no solamente en la educación escolar, sino en la educación moral y espiritual congregándose en la iglesia que prefiera o que sea más conveniente para toda la familia.

Se debe de recordar que todo lo que les enseñemos a los hijos será la herencia perpetua de la que ellos echaran mano en los momentos difíciles, y cuando se trata de lo eterno con más razón debemos de ponerle énfasis, para que ellos no pierdan de aprender las cosas que entenderán tal vez cuando sea demasiado tarde, teniendo a sus padres que les pueden dar a conocer esa verdad tan grande como lo es reconocer que tienen una alma, en este día y para siempre.

Si usted es una persona que no sabía que tiene una alma, hoy es el día de salvación para usted y toda su familia pues a partir de hoy usted ya no está vacío en el conocimiento del alma y podrá sacarle provecho moral y espiritual a este conocimiento eterno, es importante que sean los padres quienes les enseñan a sus hijos las cosas que ellos entenderán y absorberán como esponjas en miniatura.

Las cosas del alma son realidades de vida eterna, y las podemos esconder por tener miedo pues no las conocemos, pero una vez que las empezamos a visualizar, también las empezamos a entender, y nunca es tarde para empesgar a tener ese conocimiento el cual nos llena de un conocimiento eterno empezando con el alma la cual fue el primer caso espiritual humano que fue puesto aquí en la tierra por DIOS en un ser hecho de polvo al cual le dio de si mismo vida por medio de un soplo que llevaba células vivientes las cuales hicieron que un ser hecho del polvo de la tierra tuviera vida para poder moverse, poder pensar y gozar de todo lo que podía conocer en su entorno, también como procrear hijos, comer y socializar con la flora y fauna.

Con todo lo que podemos aprender del alma y enseñárselo a nuestros hijos tendríamos una vida despampanantemente rica en belleza y confort, pero se tiene que tomar un poco de nuestro tiempo diario para resultados favorables, si es que las personas están interesadas en ello.

Cuando se empieza por ser padre, no tardaran muchos años en pasar cuando ya estaremos pintando señales de que seremos abuelos, y lo que le enseñemos a nuestros hijos, pasaran a las próximas generaciones, de modo que lo que le enseñemos a nuestros hijos también lo aprenderán nuestros nietos, y así seguirá la tradición de generación en generación.

El Abuelo

Hay diferentes edades en que se es abuelo, unos abuelos empiezan su vida sexual a una edad muy chica como lo es la pubertad otros a una edad más grande y otros definitivamente a una edad promedio de tiempo en que la persona calcula conscientemente que ya es tiempo de contraer matrimonio y formar una familia, también hay las personas que no son aceptas al matrimonio pero si quieren tener algún hijo por alguna razón en particular, pero casi nunca se piensa en la educación moral de los hijos sino que solamente se adopta la idea de llenar un vacío moral al tener un hijo que creen que llenara ese hueco espiritual.

No importando la edad en que se empezó la vida sexual de cada individuo la verdad es que tarde que temprano empiezan los hijos a llegar, y en pocos años los nietos, y como abuelos se tiene el encargo de darles buenos ejemplos a ellos de modo que si se sabe que se tiene una alma, también hay que enseñarles a los hijos para que ellos se lo enseñen a los nietos y así el abuelo-abuela estarán cumpliendo con esa tarea tan importante como lo es el conocimiento del alma, eso si los papas de los hijos se los permiten, pues no se debe de forzar a nadie a creer lo mismo, sino que suavemente y despacio lo que ellos puedan aceptar y asimilar, pues de otro modo sería un estira y afloja lo cual no lleva a nada bueno ni armonioso pues es la armonía la que queremos para toda nuestra familia. Como abuelos busquemos la educación y la armonía en todo lo que hagamos para toda nuestra familia sin acepciones.

Aparentemente las personas mayores como lo son los abuelos a partir de la tercera edad se supone que ellos están más cerca de partir en el viaje al cielo, pero eso no es así ya que cualquier persona a cualquier edad desde un recién nacido y aún una criatura que no ha nacido puede estar en una situación de alguna falla y morir, y las personas que están a nuestro rededor no se imaginan que los abuelos todavía tienen sentimientos a flor de piel, y que les gusta comer sabroso, y mirar el sol muy de mañana, también les gusta el romanticismo, y les hace falta mirar a sus seres queridos y aunque no se pueden mover muy bien ellos no quieren entorpecer el vivir de sus hijos y piensan en ellos como si fuera ayer que nacieron, y son los abuelos parte de nuestra genealogía la cual nos hace pertenecer a un grupo familiar que nos identifica como de que familia somos y de dónde venimos como raza.

Los abuelos son un tesoro importante que no debemos de descuidar, a ellos les gusta la independencia, ellos no quieren estorbar a nadie, sino al contrario ellos quieren ser útiles a su capacidad física del momento y se les debe de dar la oportunidad de desarrollarse en los momentos de reuniones familiares para que se sientan útiles, si ellos así lo quieren pues haciendo eso ellos pudieran sentirse con ánimos de vida moral, recordemos que ellos tienen una alma sabia y sus días son como gotitas de agua en momentos de sed la cual no quieren desperdiciar pues les refresca su alma.

La Actitud

Todas las personas tenemos actitudes para todas las cosas que tenemos que hacer todos los días, sea de trabajo o de decisiones que se tengan que hacer día a día para la vida personal o de familia, y mientras tomamos los días con las mismas actitudes, se empiezan a formar costumbres con las que se dirigen todas las cosas sean de trabajo o de familia, y así se llegan a dirigir las cosas no como individuales y tratarlas como tal, sino que por costumbre y sin considerar la opinión de los demás, cuando en realidad las personas que nos rodean son seres humanos capaces de tener opiniones diferentes y que podrían resultar en cambios positivos para ocasiones especiales o del diario vivir.

Todos los seres humanos tenemos un valor que nos hace únicos, y es que tenemos una alma que piensa de una manera singular y que esta capacitada para tener una vida independiente exitosa, la cual es menospreciada por mucha gente que las rodea pues no les dan el derecho de expresarse en una manera independiente para mirar sus capacidades individuales.

Cuando a una alma no se le permite desarrollar en su estado mental capaz en sus años de la niñez a la juventud, a esa persona le costara más trabajo el tener un pensamiento libre para tomar decisiones en lo que será su vida de decisiones futuras y de triunfo, y será una persona con frustraciones múltiples.

En las cosas del alma también tenemos o las manejamos con actitudes de incredulidad, o de algo a futuro, o sea que nuestra actitud acerca del tema del alma se forma en una costumbre de expresión como lo es (quien sabe), no lo sé, son invenciones de las personas, no hay seguridad de si creer o no.
También están las personas que si creen que es verdad las cosas del alma y hasta tienen experiencias personales que las hacen ser entendidas en el tema.

La actitud que tenemos para el tema de la muerte es igual al tema del alma, en realidad la actitud es de que no queremos saber nada de eso, y cerramos el entendimiento para no saber nada sino al contrario hemos decidido cerrarle la puerta a ese tema y con ello ignorar algo que en realidad nos da miedo, pues el pensar que lo van a enterrar bajo tierra ya es un momento de espanto y preferimos huir del pensamiento que causa pánico de saber que por error lo entierren vivo y se huye de estos dos temas sin pensar que lo mejor es saber de dónde venimos a donde vamos y que nos espera después de partir de (LA BODEGA DE CUERPOS Y ALMAS , EL PLANETA TIERRA), y de la vida que existe allá en el cielo en donde esta DIOS, y que nos espera pues de EL es nuestra vida, y llegaremos allá con todos los sentidos que tenemos y miraremos, oiremos, también pensaremos, y reconoceremos también tendrá sentido todo lo que miremos esta allá.

Tres Estados

Todo ser humano tiene tres estados en los que se encuentra en algún tiempo de su vida como lo es el pasado el presente y el futuro.

Por el PASADO no se puede hacer mucho a excepción de pedir perdón, y el pedir perdón es un alivio que el alma aprecia mucho pues por ese medio se liberan pesos que solamente se quitan pidiendo perdón a las personas que fueron ofendidas o dañadas por actitudes o malos comportamientos que les dimos, como lo es el pecado, cuando le pedimos perdón a DIOS por las practicas haciendo el mal, también por ese perdón de DIOS, somos liberados del pecado cometido, muchas de las veces sin querer y otras deliberadamente.

Por el estado PRESENTE podemos hacer mucho, pues es el estado en el que tenemos todas las oportunidades tanto de poner fundación a nuestra actitud cambiando patrones de conducta inadecuada, teniendo una actitud de cambio mental pensante, como por ejemplo tener conciencia de que las personas con las que tratamos son almas vivientes y esa vida es de DIOS, por lo tanto pensemos que nos estamos metiendo en terrenos que es mejor los tratemos con una mirada espiritual en el trato que les demos, también el trato a nuestra familia es importante cambiarlo, pues siempre podemos mejorar la actitud para nuestros hijos, esposa, vecinos y sobre todas las cosas la actitud para con DIOS.

El estado FUTURO no lo sabemos pero por si se nos permite por DIOS llegar allá, es mejor desde ahora tener una consciencia tranquila y limpia que nos hará tener mejores percepciones de lo que es el mundo espiritual al cual llegaremos tarde que temprano al tiempo señalado por DIOS para cada ser humano no importando su edad, raza, estado civil, color de piel, o que idioma habla.

La Biblia, nos habla de un futuro de paz, para el ser humano armonizando con la flora y fauna, también dice que no habrá dolor ni llanto, y es eso lo que el ser humano añora en estos tiempos, así que el futuro que se nos promete es una esperanza a futuro pero cercana en nuestro pensamiento y estamos teniendo una preparación que nos hará disfrutar de ella , ya que en este tiempo muerte y dolor son los ingredientes principales del mal y que todos los seres humanos estamos experimentando sin excepción.

Busquemos a DIOS, conozcamos nuestra alma y eduquémosla leyendo LA BIBLIA pues de ese modo estaremos educados en lo espiritual y tendremos un futuro en el que podremos entrar con conocimiento.

El Formato

Todo ser humano el cual está formado de espíritu alma y cuerpo, cabe en tres formatos los cuales son espíritu alma y cuerpo y estos tres se unen para formar un ser trinitario pero en sus funciones son uno pues de cada función se completa lo que es un mecanismo completo, como lo es un carro que tiene muchos componentes pero todos juntos echan a caminar un vehículo pesado y compuesto de muchos mecanismos que a su vez cada uno en su unión son una fuerza que se mueve para así trasladarse de un lugar a otro, cada una de estas piezas son indispensables para el funcionamiento de un carro que tendrá solamente un nombre, pues no se le llamara por cada una de las piezas que lo componen sino que se le llamara por la figura que representa al mirarlo, y es así del mismo modo como en el caso del ser humano al verlo, podemos ver a un ser humano con diferentes funciones que pertenecen al físico que es lo que se ve, además él tiene órganos que funcionan de diferentes maneras, al mismo tiempo comparte sus funciones con el alma y es ella la que le da movimiento pues ella tiene el don de la vida (movimiento), que mueve el cuerpo con impulso, y estos dos tienen su propio cerebro que los hace ser independientes pero con una decisión de pensar en lo que cada una quiere, y compartir las cosas a cada nivel independiente que las hace trabajar juntas, pero que se le llama cuerpo humano (ser humano).

También al ser humano lo compone su espíritu que es el que lo advierte de las cosas espirituales principalmente las de DIOS, y estos tres componentes forman al ser humano completo, y es entonces que se le puede llamar, un ser humano.

Es un mecanismo que DIOS invento antes de hacer al hombre del polvo de la tierra, y empezó por formarlo en su estado físico terrenal, pero sin vida, luego le agrego el alma y fue entonces que el hombre tuvo vida y movimiento, más pudo tener la habilidad de pensar para saber lo que estaba haciendo y hacia dónde dirigirse, y también DIOS le agregaría el espíritu el cual le da el complemento no tan solo para que lo tuviera como algo sin sentido pero era para que el espíritu lo guiara a un acercamiento con EL y así poder obtener los beneficios de tener cercanía con su DIOS y creador.

Sabemos que tenemos vida porque nos podemos mover y es el cerebro lo que determina si tenemos el sentido de vida pues él nos manda la señal de que estamos vivos al tener el movimiento físico principalmente de nuestro corazón y de nuestra mente y todo lo referente a de donde tenemos vida, es solamente porque la tenemos en el alma, de modo que sin alma estamos muertos.

Sabemos de algunos casos que las personas experimentaron la muerte, o separación del cuerpo y el alma, pero regresaron a tomar su cuerpo, y vivieron, para decirle al mundo lo que hay en ese mundo del alma, en donde se puede ver, oír, flotar y que están conscientes de tu entorno.

SINTESIS

La ciencia del alma, es un libro que pretende que los lectores hagan conciencia de que dentro de su cuerpo físico está la vida, (EL ALMA), que los ínsita a hacer todos los movimientos y pensamientos que lo impulsan a ser un ser en movimiento físico, mental y espiritual.

También pretende que las personas vivan una vida mejor y con paz, pues teniendo el conocimiento de que tienen una alma que recibe todo lo que se le enseña, hagan un tiempo para hablarle a su propia alma de las cosas que tiene que saber para tener un cambio de actitud para la vida personal y el convivio con su familia y también con los extraños.

Pues todo el trato con cualquier ser humano será de lo que dará cuentas a DIOS cuando muera y este ante la presencia de EL.

Recordemos que todo ser viviente tiene una alma la cual podemos golpear y lastimar al grado de causarle enfermedades que son difíciles de curar, principalmente si es una alma menor de edad que no puede defenderse, también pudiera ser una alma que calla todos los maltratos que se le dan y que con el tiempo se forman en heridas que tienen que ser curadas con terapias y su medicina mejor será el darle AMOR, el cual es difícil de encontrar, pues las dosis son escasas, de otro modo se tendría que tomar varias terapias con especialistas en la salud moral.

Hay lastimaduras que sanan solas, hay otras que sanan con el tiempo y cuidados básicos, pero están también las que no sanan tan fácilmente.

Es necesario para todo ser humano el hacer conciencia de lo que lleva cargando consigo día y noche y eso es el alma la cual necesita ser educada para vivir aquí en (LA BODEGA de CUERPOS y ALMAS el PLANETA TIERRA), y en la eternidad cuando sean despegados el cuerpo físico y el alma y cada uno sea situado en el lugar de un desarrollo individual, causado por la muerte, el cuerpo físico se secara y se volverá polvo, mientras que el alma empieza a ser liberada para flotar en el espacio y viajar a una rapidez que ella controla y ella a diferencia del cuerpo físico el alma tiene todos los movimientos , y pensamientos, y es por eso que se le debe de educar para que en esos momentos de transición ella este desarrollando su nueva estancia que tiene ella sola para seguir su carrera en los espacios que tiene desde la tierra hasta el cielo en donde se encontrara con su CREADOR.

SOLO PARA COMENTARIOS:

soulineternity@gmail.com